ゆーママの

スープストックで朝楽ちん♪

プのお弁当

松本有美

飛鳥新社

スープジャーのお弁当は、
心も体も、魔法のように
あったまります。

学生時代は自分のために作っていたお弁当。
今では、家族のことを想って作っています。
寒い冬には「温かいスープを持たせてあげたいな」と
あるときスープジャーを手に取りました。
簡単に作れて、野菜もたんぱく質もたっぷり摂れるスープは
私にとっても家族にとっても、やさしいお弁当です。
スープ弁当を始めてから、風邪の季節でもみんなが元気だったり
夫が少しスリムになったり、いいことづくめなんですよ。

食べることは体をつくること。
ほんとうに大切なことです。
だからこそ「毎日、無理なく続けられておいしい」がいちばん。
そんな想いから生まれたスープレシピで
みなさまの心と体を温めることができれば幸いです。

松本有美

ゆーママのスープのお弁当
もくじ

はじめに 2
スープジャーのお弁当が人気の理由 8
スープジャーってどんなもの？ 10
スープジャーを上手に使うコツ 11
濃縮スープストックがあれば
スープ弁当が楽ちん♪おいしい！ 12
カンタン3stepスープ 14

10種類のスープストックで40のスープ 15

だししょうゆスープ 16

Stock a だししょうゆストック 17

さば缶と豆苗のしょうゆスープ 18
豚しゃぶとオクラのしょうがスープ 20
ささみとまいたけの柚子こしょうスープ 22
鶏だんごと水菜の青じそスープ 24

Stock *b*

和風豆乳スープ 26

和風豆乳スープストック 27
鶏ひき肉と大根の豆乳スープ 28
鶏肉とさつまいものみそ豆乳スープ 30
豚肉とキャベツのキムチ豆乳スープ 32
担々豆乳スープ 34

Stock *c*

鶏塩スープ 36

鶏塩スープストック 37
えびと春雨の鶏塩スープ 38
とんこつ風豚もやしスープ 40
鶏肉とアスパラの押し麦入りスープ 42
焦がしねぎと焼豚の塩スープ 44

Stock *d*

香味野菜のピリ辛スープ 46

香味野菜のピリ辛スープストック 47
豚肉とししとうの辛味スープ 48
サンラータン 50
トッポギ入り辛みそ白菜スープ 52
ごま豆乳ワンタンスープ 54

Stock *e*

コンソメトマトスープ 56

コンソメトマトスープストック 57
牛肉とセロリ、大根のトマトスープ 58
ささみとキャベツのごまトマスープ 60
ズッキーニのトマトリゾット風 62
ソーセージとじゃがいものトマトスープ 64

ミルクスープ 66

Stock f ミルクスープストック 67

じゃがいもとベーコンのミルクスープ 68

鮭のトマトクリームスープ 70

マカロニ入りたらこミルクスープ 72

魚肉ソーセージとブロッコリーのコーンスープ 74

デミグラス風スープ 76

Stock g デミグラス風ストック 77

簡単ビーフシチュー 78

えびとなすのデミスープ 80

じゃがいもとアスパラのデミチーズスープ 82

しめじとミニトマトのデミクリームスープ 84

きのこスープ 86

Stock h きのこスープストック 87

豚しゃぶと長いものきのこスープ 88

塩さばのしょうがきのこスープ 90

たらのきのこみぞれ汁 92

きのこ肉吸い 94

オイスタースープ 96

Stock i オイスタースープストック 97

ささみとなすのオイスタースープ 98

牛肉と厚揚げのホワジャオスープ 100

中華風シーフードスープ 102

ほろほろ手羽元の中華スープ 104

チャウダースープ 106

Stock j チャウダースープストック 107
ツナかぼちゃスープ 108
和風クラムチャウダー 110
ソーセージ入りカレーチャウダー 112
鮭のみそチャウダー 114

作っておけば朝楽ちん♪
ゆーママ流「スープ玉」10品 116

ザーサイと豆苗の中華スープ 118
厚揚げのキムチチゲ 118
鮭のちゃんちゃんスープ 119

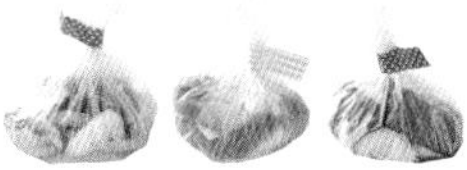

ソーセージとズッキーニのチーズスープ 120
サラダチキンのコンソメマスタードスープ 120
カルボナーラ風スープ 121
たらこクリームスープ 122
ちゃんぽん風スープ 122
焼豚と小松菜のごまラー油スープ 123
ベーコンとなすのカレースープ 123

困ったを解決！スープレスキューQ&A 124

食材別インデックス 126

スープジャーのお弁当が人気の理由

1

スープさえあれば心も体もあったまる大満足ランチに

冷えた体をスープで温めれば、午後の仕事や勉強にやる気がみなぎり、免疫力もアップ。何より、温かい汁ものがあるお昼ごはんに心が満たされるはずです。

2

野菜たっぷり。不足しがちな栄養素もムダなく摂れる

野菜のビタミン・ミネラル類には、ゆでると溶け出してしまうものも。スープなら汁ごとムダなく摂取できます。たんぱく質も毎食欠かせない栄養素です。

3

おかずをいくつも作らなくていいからビギナーでも簡単

お弁当おかずを何品も作るのは、慣れない人にとってはかなり大変。お弁当作りの初心者さんでも簡単に作れるのが、スープ弁当のいいところです。

4

アレンジがきくから飽きずに続けられる。具材はなんでもOK

食材を使いきるにはスープが最適です。具材と調味料の組み合わせで、アレンジの幅も無限大。毎日食べても飽きず、頑張らなくても続けられます。

5

手作りスープなら安全・安心。しかも経済的です

自分の目で選んだ食材で手作りするスープなら、安全・安心。さらに、余らせてしまった食材も上手に使いきれるから、フードロスがなくなり、経済的です。

6

サッと煮たててジャーに入れるだけ。忙しい朝でも作れる

スープジャーの便利な機能はなんといっても「保温調理」です。鍋で一度沸騰させるだけで、あとはジャーにおまかせ。朝の調理時間はたった5～10分！

7

ヘルシーなスープジャー弁当はダイエットにも！

1品でも満足できるスープ弁当は、とってもヘルシー。さまざまな食材・栄養素が一度にバランスよく摂れます。体にやさしく、無理のないダイエットにも。

スープジャーって どんなもの？

スープ弁当になくてはならないのがスープジャー。
ほっこり温かいランチタイムを叶えてくれる
スープジャーの機能と特長をご紹介します。

カラバリ
たくさん！

色やサイズ、デザインもさまざま。お好みのものを選べます。容量300～400㎖のものがおすすめです。

密封できる
二重のふた

保温性と密閉性を高めるため、ふたは二重構造。スープは数時間後も温かく、バッグの中で漏れることはありません。

口が広いのもスープジャーの特長。スープが注ぎやすく、すくって食べやすい。

サーモス真空断熱スープジャー

型番：JBT-300
容量：300mℓ
保温効力：55℃以上（6時間）
保冷効力：12℃以下（6時間）
本体寸法：幅90㎜×奥行90㎜×高さ120㎜
本体重量：300g
色：ホワイト、ライトピンク、ライトブルー
問い合わせ：サーモス株式会社
0570-066966（サーモスお客様相談室）
※写真中央のスープジャーは旧タイプです。

スープジャーを上手に使うコツ

1

スープを入れる前に ジャーを温めておく

保温性を高めるため、ジャーに熱湯を注いで、数分おいて温めます。調理前に温めておけば、スープができるころには予熱完了。

2

先に具材を入れてから スープを注ぐ

具材とスープを一度に入れようとするとうまく入りません。お玉やスプーンで具材をすくい、ジャーに入れてからスープを注ぎます。

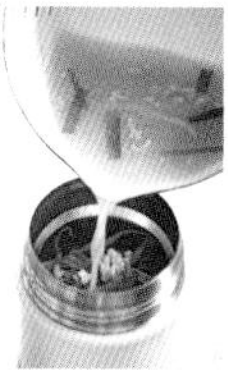

3

止水部より1cm下まで 入れすぎに注意して

容量以上のスープを入れると、たとえふたが閉まっても漏れの原因になり得ます。ジャーの規定位置までにとどめましょう。

4

食べごろは3～5時間後 保温調理をフル活用

スープジャーレシピは朝作ってお昼に食べることを前提にしています。保温機能を利用するからこそ、朝の調理時間が短いのが特長。

5

電子レンジや 食洗機の使用はNG

ジャーは金属製なので、電子レンジはNG。レンジ調理には耐熱容器を使いましょう。ジャー本体は食洗機非対応のものがほとんど。

ゆーママのおすすめ道具

計量カップ

容量200～300mℓ。10mℓずつの目盛りがあるとなお可。

計量スプーン

調味料の計量に使う、大さじと小さじを。

小さめのお玉

大きすぎないお玉がジャーに注ぎやすい。

小さめの片手鍋

容量1ℓ以下、直径15cmほどの片手鍋。

濃縮スープストックがあれば スープ弁当が楽ちん♪おいしい！

たった1つの調味料で作るより、香味野菜やいくつもの調味料を加えたスープがおいしいのは当然です。でも、忙しい朝にたくさんの材料を出し、順に加えるだけでもひと苦労。そこでおすすめしたいのが自家製の「濃縮スープストック」です。水でのばすだけでスープになって、ちょい足ししてアレンジも自在。ストックがあれば、スープ弁当がもっと手軽に、もっとおいしくなりますよ。

まとめて作って！

手に入りやすい材料で、誰でも簡単に作れるスープストック。約4食分の量が基本ですが、倍量作っておいても。保存のしやすさもポイント。

stock!

ビンなどの保存容器に入れておけば、スプーンですくって鍋に入れるだけでスープの味つけが完了。

1つのスープストックで作れる4つのスープ

自家製スープストックのバリエーション例。さまざまな味わいが楽しめます。

香味野菜のピリ辛スープストック

ねぎ、にんにく、しょうがたっぷりで豆板醤がきいた濃縮ストック。

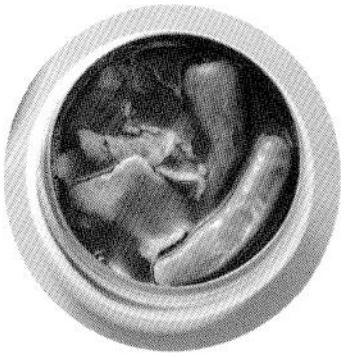

水でのばすだけピリ辛スープ

ストックを水でのばして具材を加えるだけの簡単スープ。

► P48

酢を加えてサンラータン

ストックに酢とラー油を加え、すっぱ辛く味変して。

► P50

みそ味のピリ辛スープ

ピリ辛味や香味野菜によく合うみそを加え、コクをプラス。

► P52

まろやかごま豆乳スープ

豆乳でのばし、練りごまも加えて。辛味がやわらいでまろやか。

► P54

スープストックのポイント&活用術

スープの濃さはお好みで

レシピではおすすめの分量をご紹介していますが、スープストックの量を増減するだけで、お好みの味に調整しやすいのがいいところ。

ストックはすべて冷凍OK

保存のしやすさを念頭において作ったストックです。冷蔵なら最短4日、最長2週間。すべて冷凍もでき、さらに長期保存可能です。

調味料としても使えちゃう

なかには、スープ弁当だけではなく、おウチごはんの調味料として使えるものも。ストックのレシピページでご紹介しています。

カンタン3stepスープ

1

スープストックをのばす

鍋にスープストック、その他の調味料がある場合は入れ、水などの液体を加えてサッと混ぜる。スープジャーは予熱しておく(11ページ参照)。

2

具材を加えて煮立てる

具材を加えて火にかける。沸騰したら弱火にし、レシピどおりの時間煮る。アクが出たら、お玉ですくう。

3

スープジャーに移す

お玉やスプーンで具をすくい取り、予熱したスープジャーに入れる。さらに鍋に残ったスープを注ぎ入れる。中ぶた、外ぶたをしっかりと閉め、3～5時間後にいただく。

スープジャーレシピのルールと注意事項

- 本書のレシピは、3～5時間後に食べることを前提としています。作ってからすぐに食べる場合は加熱が足りないことがありますので注意してください。6時間以上たつと冷めたり、腐敗の原因になることもあります。特に卵を使ったスープは、衛生上必ず5時間以内に食べるようにしてください。
- スープストックの冷凍については、小分け冷凍する場合のおすすめの方法をご紹介しています。
- 容量300～400mℓのスープジャーを使用することを前提としたレシピです。容量300mℓのものを使用する場合はスープが入りきらないことがありますので調整してください。
- 本書では中身が見えるようにスープを多めに入れて撮影しています。実際にはジャー本体の高さの8～9分目までを目安に、スープを入れすぎないようにご注意ください。取扱説明書を必ずご確認ください。
- 計量の単位は、小さじ1は5mℓ、大さじ1は15mℓです。1mℓは1ccと同じです。
- 電子レンジの加熱時間は600Wのものを基準としています。500Wの場合は加熱時間を1.2倍に、700Wの場合は0.8倍に、1000Wの場合は約0.6倍にしてください。機種によって差が出ることがありますので、様子を見ながら加熱してください。
- スープジャーは電子レンジにかけられません。スープジャー本体は食洗機非対応です。

10種類のスープストックで
40のスープ

濃縮スープストック1つにつき、それぞれ4つのスープレシピをご紹介。水でのばすだけの簡単スープから、調味料を加えたアレンジまで、お好みで楽しめます。

だししょうゆスープ

だしとしょうゆの組み合わせは、あきのこないホッとする味。毎回だしをとる手間がないから、常備しておきたいストックです。

冷蔵保存	約3週間
冷凍保存	約4週間

（昆布を除き、製氷皿や小さめの保存容器で大さじ1杯ずつ小分け冷凍）

Stock a だししょうゆストック

1日以上おくことで味に深みが出ておいしくなる、いわば自家製麺つゆ。
長期保存がきくので、まずはこのストックから作りおきを。

材料（作りやすい分量・約8食分）

A
- しょうゆ……大さじ6
- みりん……大さじ2
- 酒……大さじ2

B
- 削り節……5g
- だし昆布……5㎝角1枚

作り方

1 鍋に**A**を入れて強火にかけ、沸騰したら火を止める。

2 **B**を加える。

3 清潔な保存容器に入れ、冷めてから冷蔵室で保存する。

スープストック活用術

煮ものや炊きこみご飯の味つけに。合わせる食材を問わず、和食の万能調味料として便利に使えます。

variation 1

a

ストック

そのまま水でのばすだけ！

さば缶と豆苗のしょうゆスープ

煮汁にもうまみと栄養がたっぷり詰まっているさば缶。
汁ごと加えて余すところなくいただきます。
豆苗は時間がたっても食感が残る、スープ弁当向きの野菜です。

材料（1食分）

さば水煮缶……1缶（190g）
豆苗……1/4袋（約50g）
A だししょうゆストック……大さじ1
水……250㎖

作り方

1 豆苗は根元を落とし、4㎝長さに切る。

2 鍋に**A**、さば缶を汁ごと入れ、強火にかける。沸騰したら**1**の豆苗を加えて混ぜ、火を止める。

MEMO

さば缶は骨もやわらかく、食べられますが、気になる方は加える前に取り除いておきましょう。

variation 2

a + 

ストック　しょうが

豚しゃぶとオクラのしょうがスープ

豚肉のうまみとオクラの自然なとろみ。
しょうがの効果で体の芯からぽかぽか温まる
ほっこり落ち着く味わいです。

材料（1食分）

豚しゃぶしゃぶ用肉……100g
オクラ……3本（30g）
しょうが……1/2かけ
A だししょうゆストック……大さじ1
水……250㎖

作り方

1 オクラはヘタ先を落としてガクを取り、縦半分に切る。しょうがは細切りにする。

2 鍋に**A**、**1**のしょうがと豚肉を入れて強火にかける。沸騰したら**1**のオクラを加えて弱火にし、3分ほど煮る。

MEMO

オクラは思いきって縦半分に切って。食べごたえがあり、満足感がアップします。

variation 3

a + 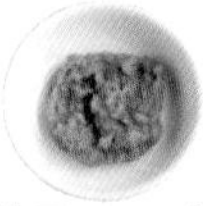

ストック　柚子こしょう

ささみとまいたけの柚子こしょうスープ

かつおと昆布のだしに鶏ときのこのうまみが加わって
深みのあるスープになります。
柚子こしょうのさわやかな辛味でさっぱりといただけます。

材料（1食分）

鶏ささみ……1本（70g）
まいたけ……1/2袋（50g）
柚子こしょう……小さじ1/3
みつば（あれば）……適量
A ｜ だししょうゆストック……大さじ1
　　｜ 水……250㎖

作り方

1 鶏ささみは筋があれば除き、4等分の斜めそぎ切りにする。まいたけはほぐす。

2 鍋に**A**、**1**の鶏ささみとまいたけを入れて強火にかける。沸騰したら弱火にし、5分ほど煮る。

3 火を止め、柚子こしょうを煮汁に溶きながら加え混ぜる。お好みでみつばを加える。

MEMO

ささみ1本はスープ1食にちょうどいい量なので、切ってからラップで包んで冷凍しておくと便利です。

variation 4

a + 

ストック　青じそ

鶏だんごと水菜の青じそスープ

市販の鍋もの用鶏だんごを使ったお手軽スープ。
おにぎりにもぴったりの、ホッとする味わいです。
細く切った青じそが味のアクセント。

材料（1食分）

鶏だんご（市販・加熱済）……4個（約60g）
水菜……1/8束（25g）
青じそ……2枚（1g）
A｜だししょうゆストック……大さじ1
　｜水……250㎖

作り方

1 水菜は根元を落として3㎝長さに切る。青じそは細切りにする。

2 鍋に**A**、鶏だんごを入れて強火にかける。沸騰したら弱火にし、3分ほど煮る。

3 火を止め、**1**の水菜と青じそを加え混ぜる。

MEMO

白菜や豆腐など、“ミニお鍋”のような感覚で具材を変えてもおいしくいただけます。ぜひアレンジを楽しんでみてください。

和風豆乳スープ

体にやさしい豆乳を濃縮ストックに。まろやかであとひくおいしさのスープも、ストックさえあれば簡単に作れます。

冷蔵保存	約**5**日間
冷凍保存	約**4**週間

(製氷皿や小さめの保存容器で大さじ2杯ずつ小分け冷凍)

Stock b 和風豆乳スープストック

豆乳がちょっと苦手という方にも食べやすいしょうゆベース。
にんにくの香りが豆乳でやわらぎ、風味だけが残ります。
ランチでも気になりません。

材料（作りやすい分量・約7食分）

豆乳（無調整）……200㎖
にんにくのすりおろし……小さじ1
しょうがのすりおろし……小さじ1
顆粒和風だしの素……大さじ2
しょうゆ……大さじ3

作り方

1 鍋にすべての材料を入れてひと混ぜし、中火にかける。

2 ふつふつしてきたら弱火にし、混ぜながら1分ほど煮る。

3 清潔な保存容器に入れ、冷めてから冷蔵室で保存する。

スープストック活用術
ラーメンやつけ麺のスープに。ゆでた薄切り肉にかけてもおいしい。

variation 1

b

そのまま水でのばすだけ！

ストック

鶏ひき肉と大根の豆乳スープ

ひき肉なら、短時間で鶏のうまみをひき出すことができます。
大根は加熱しすぎず、
ほどよい歯ざわりが残せるようにします。

材料（1食分）

鶏ひき肉……50g
大根……1/8本（125g）
万能ねぎの小口切り……適量
A
和風豆乳スープストック……大さじ2
水……250mℓ

作り方

1 大根は2㎜厚さのいちょう切りにする。

2 鍋に**A**、**1**の大根を入れて強火にかけ、沸騰したら弱火にする。ひき肉を加え、ほぐしながら2分ほど煮る。火を止め、万能ねぎを加える。

MEMO

大根の代わりにかぶや玉ねぎを使うとさらに甘みのあるスープに仕上がります。

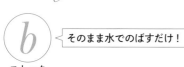

variation 2

b ＋ 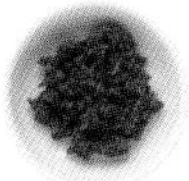

ストック　みそ

鶏肉とさつまいものみそ豆乳スープ

ほっくりと甘い、さつまいもがごちそう。
鶏肉から出るだしとみそ、豆乳がマッチして
コクがあり、やみつきになるスープです。

材料（1食分）

鶏もも肉……1/4枚（75g）
さつまいも……1/4本（75g）

A
和風豆乳スープストック……大さじ2
みそ……大さじ1/2
水……250㎖

作り方

1 鶏肉はひと口大に切る。さつまいもは皮つきのまま5㎜厚さの半月切りにする。

2 鍋に**A**を入れてよく混ぜ、**1**の鶏肉とさつまいもを加えて強火にかける。沸騰したら弱火にし、5分ほど煮る。

MEMO

さつまいもは煮くずれしないよう、加熱するときはできるだけさわらないようにしましょう。お好みでもう少し厚く切っても。

variation 3

b + 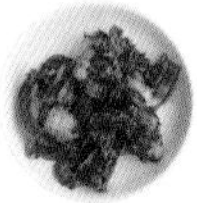

ストック　キムチ

豚肉とキャベツのキムチ豆乳スープ

野菜とたんぱく質がしっかり摂れる、具だくさんスープ。
糖質を控えたいときなどにもおすすめです。
キムチでパンチをきかせれば、これ1品で大満足。

材料（1食分）

豚バラ薄切り肉……50g
キャベツ……50g
木綿豆腐……1/6丁（50g）

A
- 和風豆乳スープストック……大さじ2
- 白菜キムチ……50g
- 水……250㎖

作り方

1 豚肉は4㎝長さに切る。キャベツは3㎝角に切る。豆腐は4等分に切る。

2 鍋に**A**、**1**の豚肉とキャベツ、豆腐を入れて強火にかける。沸騰したら弱火にし、3分ほど煮る。

Stock
b
和風豆乳スープ

variation 4

b + 

ストック　　コチュジャン

担々豆乳スープ

ひき肉にニラの風味とシャキシャキもやしを加えた担々風。
コチュジャンの甘みと辛味が食欲をそそり、
具材を炒めなくても本格的な味わいになります。お好みでラー油を足しても。

材料（1食分）

豚ひき肉……50g
もやし……1/4袋（50g）
ニラ……1/4束（25g）
A
　和風豆乳スープストック……大さじ2
　コチュジャン……大さじ1/2
　水……250㎖

作り方

1　ニラは4㎝長さに切る。

2　鍋に**A**、もやし、**1**のニラを入れて強火にかける。沸騰したら弱火にし、豚ひき肉を加えてほぐしながら2分ほど煮る。

鶏塩スープ

混ぜるだけのとっても手軽なスープストックです。ごまの香りをきかせたシンプルな中華風味。どんな具材にもなじみます。

冷蔵保存	約**4**週間
冷凍保存	約**5**週間 （保存袋に入れ、空気を抜いて冷凍）

Stock C 鶏塩スープストック

白いりごまはフライパンで炒ってから使うとさらに風味がよくなります。
ふだんの料理にも使い勝手抜群。多めに作って常備するのがおすすめ。

材料（作りやすい分量・約4食分）

颗粒鶏ガラスープの素……大さじ3
白いりごま……大さじ1
塩……小さじ1/3
こしょう……小さじ1/3
ごま油……大さじ3

作り方

1 ボウルにすべての材料を入れ、全体がなじむまでよく混ぜ合わせる。

2 清潔な保存容器に入れ、冷蔵室で保存する。

スープストック活用術

野菜炒めやラーメンのスープ、チャーハンなどの味つけに。うまみと塩けのある便利な合わせ調味料です。

variation 1

C
ストック

そのまま水でのばすだけ！

えびと春雨の鶏塩スープ

えびの風味で鶏塩だしのおいしさがさらにアップ。
ツルツルッとのどごしのいい春雨を加えたら
麺感覚のヘルシーランチのできあがり。

材料（1食分）

むきえび……6尾（40g）
チンゲン菜……1/2株（50g）
春雨（乾燥）……20g
A 鶏塩スープストック……大さじ1
　水……250㎖

作り方

1 むきえびはきれいに洗って水けをふく。チンゲン菜は根元を少し落とし、3㎝長さに切る。

2 鍋に**A**、春雨、**1**のむきえびとチンゲン菜を入れて強火にかける。沸騰したら弱火にし、2分ほど煮る。

MEMO

春雨は常温保存がきき、和風、中華風スープによく合うので、少しボリュームアップしたいときのために常備しておくと便利です。

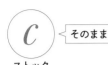

variation 2

ストック　牛乳　にんにく

とんこつ風豚もやしスープ

豚肉とストックの鶏だしに牛乳とにんにくをプラスすると…
甘みのあるとんこつスープみたいな味になるから不思議！
ぜひ試してみてくださいね。

材料（1食分）

豚バラ薄切り肉……50g
万能ねぎ……1/4束（25g）
豆もやし……1/4袋（50g）

A
鶏塩スープストック……大さじ1
にんにくのすりおろし……小さじ1/2
牛乳……100㎖
水……150㎖

作り方

1 豚バラ肉、万能ねぎはともに3㎝長さに切る。豆もやしはサッと洗ってざるにあげ、水けをきる。

2 鍋に**A**、**1**の豚肉と豆もやしを入れて強火にかける。沸騰したら弱火にし、3分ほど煮る。万能ねぎを加えて混ぜる。

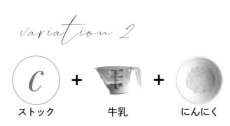

variation 3

C + 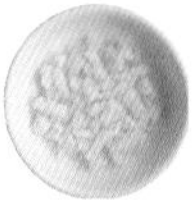

ストック　にんにく

鶏肉とアスパラの押し麦入りスープ

プチプチ食感が楽しい押し麦入りのあっさりスープ。
にんにくの香りが気になる方は
しょうがに代えてもおいしくいただけますよ。

材料（1食分）

鶏もも肉……1/4枚（75g）
グリーンアスパラ……2本（40g）
押し麦……大さじ1

A
鶏塩スープストック……大さじ1
にんにくのみじん切り……1/2片分
水……250㎖

作り方

1 鶏肉は小さめのひと口大に切る。グリーンアスパラは根元の皮をむき、4等分の斜め切りにする。

2 鍋に**A**、押し麦、**1**の鶏肉を入れて強火にかける。沸騰したら**1**のアスパラを加えて弱火で3分ほど煮る。

MEMO

押し麦は、白米の10倍以上もの食物繊維を含み、ミネラル分も豊富なスーパーフード。保温性が高いスープジャーだからこそ、加熱は短時間でOKです。

variation 4

C ＋ 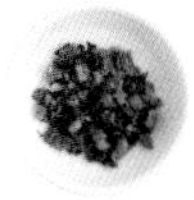

ストック　焦がしねぎ

焦がしねぎと焼豚の塩スープ

少し茶色がかるまでじっくり炒めた長ねぎの香ばしさが決め手。
ちょっとひと手間ですが、味にグッと深みが出ますよ。
そのぶん、お肉は焼豚を加えるだけにして手軽においしく。

材料（1食分）

薄切り焼豚（市販）……2～3枚（約70g）
にんにくの芽……2本（20g）
長ねぎの青い部分……1/2本分（30g）
ごま油……大さじ1
A
鶏塩スープストック……大さじ1
水……250㎖

作り方

1 にんにくの芽は3㎝長さに切る。長ねぎの青い部分は粗みじん切りにする。

2 鍋にごま油、**1**の長ねぎを入れて中火にかけ、香りが立つまで焦がすようにしながら炒める。

3 **A**、焼豚、**1**のにんにくの芽を加えて強火にする。沸騰したら弱火にし、1分ほど煮る。

MEMO

調理済の市販品をうまく使えば、簡単にレパートリーが増やせるうえ、調理時間が短縮できます。

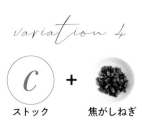

香味野菜のピリ辛スープ

ねぎ、にんにく、しょうがをたっぷり使い、辛味をきかせた中華風スープストック。スタミナと栄養満点で、食欲をそそります。

冷蔵保存	約**4**週間
冷凍保存	約**5**週間 （製氷皿や小さめの保存容器で大さじ1杯ずつ小分け冷凍）

Stock d 香味野菜のピリ辛スープストック

残りがちな長ねぎの青い部分を使いきれるのがうれしいところ。
豆板醤の量はお好みで調整してくださいね。

材料（作りやすい分量・約8食分）

にんにく……2片
しょうが……2かけ
長ねぎの青い部分……1本分（30g）

A
- 豆板醤……大さじ1
- ごま油……大さじ2

B
- 顆粒鶏ガラスープの素……大さじ2
- しょうゆ……大さじ2

作り方

1 にんにく、しょうが、長ねぎは粗みじん切りにする。

2 フライパンに **A** を入れて弱火にかけ、サッと炒める。**1** のにんにく、しょうが、長ねぎを加え、中火で香りが立つまでさらに2分ほど炒める。

3 火を止め、**B** を加えて混ぜる。

4 清潔な保存容器に入れ、冷蔵室で保存する。

スープストック活用術
冷奴や豚しゃぶなどのかけだれにおすすめ。

variation 1

d

ストック

そのまま水でのばすだけ！

豚肉とししとうの辛味スープ

脂分の多い豚バラ肉でコクが出て味に深みが出ます。
辛味のきいたスープに
ししとうの味わいがアクセントになっています。

材料（1食分）

豚バラ薄切り肉……50g
ししとう……4本（12g）

A
香味野菜のピリ辛スープストック……大さじ1
水……250㎖

作り方

1 豚バラ肉は4㎝長さに切る。ししとうはヘタを取り、つまようじで数か所に穴を開ける。

2 鍋に**A**、**1**の豚肉を入れて強火にかける。沸騰したら弱火にし、**1**のししとうを加え、1分ほど煮る。

MEMO

ししとうを炒めるときなどには破裂しないように穴を開けますが、ここでは味をしみやすくするために穴を開けます。

Stock
d
香味野菜のピリ辛スープ

variation 2

d + 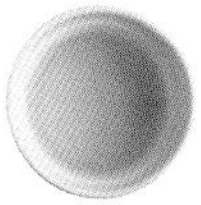

ストック　酢

サンラータン

中国の“すっぱ辛い”スープがサンラータン。
辛味と香味野菜の香りを凝縮したストックがあれば
酢を足すだけで簡単に作れますよ。

材料（1食分）

豚こま切れ肉……50g
しめじ……1/2袋（50g）
ニラ……1/4束（25g）
溶き卵……1個分

A
香味野菜のピリ辛スープストック……大さじ1
酢……大さじ1～2
水……230㎖

B
片栗粉……大さじ1
水……大さじ1

作り方

1 しめじは石づきを落として小房に分ける。ニラは3㎝長さに切る。

2 鍋に**A**、豚肉、**1**のしめじを入れて強火にかける。沸騰したら弱火にし、**1**のニラを加えて3分ほど煮る。

3 混ぜ合わせた**B**を加え、混ぜる。とろみがついたら中火にして溶き卵を回し入れ、卵が固まったら火を止める。

MEMO

片栗粉はあらかじめ水で溶いてもすぐ沈むので、加える直前に再度混ぜてから。とろみのあるスープは体がより温まります。

variation 3

d + 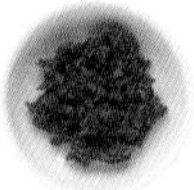

ストック　みそ

トッポギ入り辛みそ白菜スープ

中華風のストックを、白菜やトッポギなどの具で韓国風にアレンジ。
みそを加えるだけでガラリと味わいが変わります。
モッチモチのトッポギが食べごたえ抜群。

材料（1食分）

鶏もも肉……1/4枚（75g）
白菜……1/2枚（50g）
トッポギ……4本
みそ……大さじ1
A
香味野菜のピリ辛スープストック……大さじ1
水……230ml

作り方

1 鶏肉は小さめのひと口大に切る。白菜は2cm幅に切る。

2 鍋に**A**、**1**の鶏肉と白菜を入れて強火にかける。沸騰したら弱火にし、5分ほど煮る。

3 火を止めてみそを溶き入れ、トッポギを加える。

MEMO

棒状の餅・トッポギは小さくてジャーに入れやすく、スープ弁当にぴったり。時間がたってもモチモチです。トッポギの代わりに、小さく切った切り餅でも。

Stock
d

香味野菜のピリ辛スープ

variation 4

d +  + 

ストック　白練りごま　豆乳

ごま豆乳ワンタンスープ

ピリ辛スープストックに練りごまを加えてまろやかに。
豆乳でのばすと、さらにこっくり、クリーミーになります。
ワンタンをプラスすれば、1品で大満足のおかずスープの完成です。

材料（1食分）

ワンタン（市販）……3個
チンゲン菜……1/2株（50g）

A
香味野菜のピリ辛スープストック……大さじ1
白練りごま……大さじ1
豆乳（無調整）……250㎖

作り方

1 チンゲン菜は根元を少し落として3㎝長さに切る。

2 鍋に **A** を入れてよく混ぜ、中火にかける。沸騰したら弱火にし、ワンタン、**1** のチンゲン菜を加えて1〜2分煮る。

MEMO

チンゲン菜はサッと煮るだけでOK。スープジャーの保温機能で、食べるころには歯ざわりが残るちょうどいい具合になります。

コンソメトマトスープ

トマト缶を煮つめると、酸味が減ってうまみと甘みがアップ。ストックを作りおきするからこその、簡単おいしいトマトスープです。

冷蔵保存	約**5**日間
冷凍保存	約**4**週間 （小さめの保存容器か保存袋で大さじ５杯分ずつ小分け冷凍）

Stock *e* コンソメトマトスープストック

オイルでまろやかさを、黒こしょうでパンチをプラス。
スープはもちろん、パスタソースなどにも使えるストックです。

材料（作りやすい分量・約4食分）

カットトマト缶……1缶（400g）
顆粒コンソメスープの素
……大さじ2
粗びき黒こしょう……小さじ1
オリーブオイル……大さじ4

作り方

1 鍋にすべての材料を入れて強火にかける。沸騰したら弱火にし、混ぜながら5分ほど煮つめる。

2 清潔な保存容器に入れ、冷めてから冷蔵室で保存する。

スープストック活用術
トマトソースやラタトゥイユ、鶏肉や豚肉のトマト煮のベースに使えます。

variation 1

e

そのまま水でのばすだけ！

ストック

牛肉とセロリ、大根のトマトスープ

トマトとも、牛肉とも相性がいい香味野菜・セロリを合わせて
牛肉のおいしさをめいっぱい堪能できるスープに。
大根は、うまみを吸ってくれる名脇役です。

材料（1食分）

牛こま切れ肉……50g
セロリ……1/4本（50g）
大根……1/10本（100g）
A コンソメトマトスープストック……大さじ5
水……200㎖

作り方

1 セロリは筋を取って1㎝幅に切る。大根は3㎜厚さのいちょう切りにする。

2 鍋に**A**、牛肉、**1**のセロリと大根を入れて強火にかける。沸騰したら弱火にし、3分ほど煮る。

MEMO

牛肉、セロリ、大根の組み合わせは和風、中華風、韓国風などのスープにもマッチします。

コンソメトマトスープ

variation 2

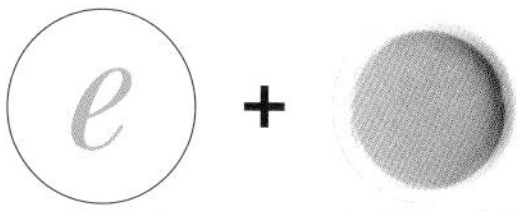

ストック　　白練りごま

ささみとキャベツのごまトマスープ

ちょっと意外かもしれませんが、ごまとトマトはよく合います。
練りごまとすりごまをたっぷり使った
濃厚な味わいのスープは、きっとクセになりますよ。

材料（1食分）

鶏ささみ……1本（70g）
キャベツ……50g
いんげん……3本（30g）

A
コンソメトマトスープストック……大さじ5
白練りごま……大さじ1
白すりごま……大さじ1
水……200㎖

作り方

1 鶏ささみは筋があれば除き、4等分の斜めそぎ切りにする。キャベツは3㎝角に切る。いんげんは筋を取り、3㎝長さに切る。

2 鍋に**A**を入れてよく混ぜる。**1**の鶏ささみとキャベツ、いんげんを加えて強火にかける。沸騰したら弱火で5分ほど煮る。

variation 3

e ＋ 

ストック　粉チーズ

ズッキーニのトマトリゾット風

お米を加えた食べごたえのあるリゾット風スープ。
ズッキーニ独特の食感も、ハムのうまみもポイントです。
よく混ぜてからいただいてください。

材料（1食分）

ハム……2枚（25g）
ズッキーニ……1/4本（35g）
米……大さじ1
粉チーズ……大さじ1
A
- コンソメトマトスープストック……大さじ5
- にんにくのすりおろし（お好みで）……小さじ1/2
- 水……200㎖

作り方

1 ズッキーニは8㎜厚さの輪切りにする。ハムは4等分のいちょう形に切る。米はサッととぐ。

2 鍋に**A**、**1**のズッキーニとハム、米を入れて強火にかける。沸騰したら弱火にし、ときどき混ぜながら2分ほど煮る。火を止め、粉チーズを加え混ぜる。

MEMO

米は時間がたつと汁けを吸ってふくらむので、大さじ1～2までに。これだけでお腹いっぱいになります。

Stock
e

コンソメトマトスープ

郵 便 は が き

63円切手を
お貼り
ください

101-0003

東京都千代田区一ツ橋2-4-3
光文恒産ビル2F

（株）飛鳥新社　出版部　読者カード係行

フリガナ ご氏名	性別　男・女 年齢　　　歳
フリガナ ご住所〒 TEL　　　（　　　　）	
お買い上げの書籍タイトル	
ご職業　1.会社員　2.公務員　3.学生　4.自営業　5.教員　6.自由業 7.主婦　8.その他（　　　　　　　　）	
お買い上げのショップ名　　　　所在地	

★ご記入いただいた個人情報は、弊社出版物の資料目的以外で使用することはありません。

このたびは飛鳥新社の本をご購入いただきありがとうございます。
今後の出版物の参考にさせていただきますので、以下の質問にお答え下さい。ご協力よろしくお願いいたします。

■この本を最初に何でお知りになりましたか
1.新聞広告（　　　　　　新聞）
2.webサイトやSNSを見て（サイト名　　　　　　　　　　　）
3.新聞・雑誌の紹介記事を読んで（紙・誌名　　　　　　　　）
4.TV・ラジオで　5.書店で実物を見て　6.知人にすすめられて
7.その他（　　　　　　　　　　　　　　　　　　　　　　）

■この本をお買い求めになった動機は何ですか
1.テーマに興味があったので　2.タイトルに惹かれて
3.装丁・帯に惹かれて　4.著者に惹かれて
5.広告・書評に惹かれて　6.その他（　　　　　　　　　　）

■本書へのご意見・ご感想をお聞かせ下さい

■いまあなたが興味を持たれているテーマや人物をお教え下さい

※あなたのご意見・ご感想を新聞・雑誌広告や小社ホームページ上で
1.掲載してもよい　2.掲載しては困る　3.匿名ならよい

ホームページURL http://www.asukashinsha.co.jp

variation 4

e

ストック

＋

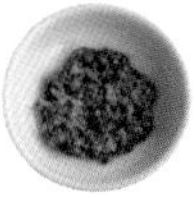

粒マスタード

ソーセージとじゃがいものトマトスープ

じゃがいもとソーセージに合う調味料といえば粒マスタード。
酸味と風味が、もちろんトマトにもぴったり。
ミニトマトも加えてトマト感をアップさせます。

材料（1食分）

ソーセージ……2本（20g）
じゃがいも……1個（100g）
ミニトマト……2個（30g）

A
コンソメトマトスープストック……大さじ5
粒マスタード……小さじ1
水……200㎖

作り方

1 ソーセージは斜めに4本ずつ切りこみを入れる。じゃがいもは3㎝大に切る。ミニトマトはヘタを取る。

2 鍋に**A**、**1**のじゃがいもを入れて強火にかける。沸騰したら弱火にし、3分ほど煮る。

3 **1**のソーセージ、ミニトマトを加えて1分ほど煮る。

ミルクスープ

5分煮るだけで、まろやかな味わいのストックが作れます。こってりしすぎず、ご飯にもパンにも合うスープレシピにしました。

冷蔵保存	約**4**日間
冷凍保存	約**4**週間 （小さめの保存容器または保存袋で100mℓずつ小分け冷凍）

Stock f ミルクスープストック

多めのバターと玉ねぎの甘みがきいたコクのある濃縮ストック。
スープにするときは水を牛乳に代えると濃厚な味わいに仕上がりますよ。

材料（作りやすい分量・約6食分）

玉ねぎ……1個（200g）

A
- バター……40g
- 顆粒コンソメスープの素……大さじ3
- 牛乳……400㎖

作り方

1 玉ねぎはみじん切りにする。

2 鍋に **1** の玉ねぎと **A** を入れて強火にかける。沸騰したら弱火にし、混ぜながら5分ほど煮る。

3 清潔な保存容器に入れ、冷めてから冷蔵室で保存する。

variation 1

f ストック

そのまま水でのばすだけ！

じゃがいもとベーコンのミルクスープ

とてもシンプルながら、間違いなくおいしい組み合わせ。
ベーコンが味に深みを加えてくれます。

材料（1食分）

ベーコン（スライス）……2枚
じゃがいも……2個（200g）
粗びき黒こしょう……少々
A ミルクスープストック……100㎖
　水……150㎖

作り方

1 ベーコンは2㎝幅に切る。じゃがいもは3㎝大に切る。

2 鍋に**A**、**1**のベーコンとじゃがいもを入れて強火にかける。沸騰したら弱火にし、5分ほど煮る。粗びき黒こしょうを加える。

MEMO

ここでは黒こしょうですが、パセリ（乾燥タイプでもOK）、粉チーズ、カレー粉といったトッピングもおすすめ。

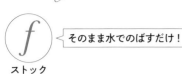

Stock
f
ミルクスープ

variation 2

ストック + トマトピューレ + 生クリーム

鮭のトマトクリームスープ

酸味、甘みのバランスがとれたトマトクリームです。
鮭は脂がのった銀鮭がおすすめ。
赤い食材の効果で、体の中からキレイになれるスープです。

材料（1食分）

生鮭……1切れ（約80g）
赤パプリカ……1/4個（35g）
生クリーム……50㎖

A
ミルクスープストック……100㎖
トマトピューレ……50g
水……50㎖

作り方

1 鮭は4等分に切る。パプリカは2㎝角に切る。

2 鍋に **A** を入れてよく混ぜ、**1** の鮭とパプリカを加えて中火にかける。沸騰したら弱火にし、5分ほど煮る。

3 生クリームを加えて大きく混ぜ、ふつふつしてきたらすぐに火を止める。

MEMO

赤い食材の鮭、トマト、パプリカには高い抗酸化力あり、アンチエイジングや美肌効果が期待できます。

variation 3

f ＋ 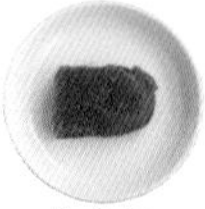

ストック　　たらこ

マカロニ入りたらこミルクスープ

淡いピンクとグリーンが目にもおいしいスープ。
加熱するとトロッととろけるような食感のアボカドが
たらこの塩けを加えたミルクスープによくなじみます。

材料（1食分）

たらこ……1/2腹（約15g）
アボカド……小1個（160g）
マカロニ……10g

A
ミルクスープストック……100㎖
片栗粉……大さじ1/2
水……150㎖

作り方

1 たらこは薄皮を除く。アボカドは種を取って2㎝角に切る。

2 鍋に **A**、**1** のたらことアボカドを入れてサッと混ぜる。強火にかけ、混ぜながら加熱する。沸騰したら火を止め、マカロニを加える。

MEMO

アボカドが苦手な方は、じゃがいもやブロッコリーなどに代えても。

variation 4

f ＋ 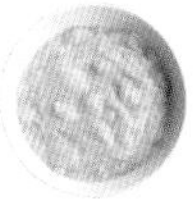

ストック　コーンクリーム缶

魚肉ソーセージとブロッコリーのコーンスープ

とうもろこしの甘みを凝縮したコーンクリームと
ミルクスープは相性バッチリ。
栄養価が高い魚肉ソーセージを合わせます。

材料（1食分）

魚肉ソーセージ……1本（35g）
ブロッコリー……1/4個（50g）

A	ミルクスープストック……100㎖
	コーンクリーム缶……1/2缶（90g）
	水……100㎖

作り方

1 魚肉ソーセージは1㎝厚さの輪切りにする。ブロッコリーは小房に分ける。

2 鍋に**A**、**1**の魚肉ソーセージとブロッコリーを入れて強火にかける。沸騰したら弱火にし、1分ほど煮る。

MEMO

高たんぱく・低脂肪でカルシウム、DHA、EPAなども含む魚肉ソーセージ。いいだしが出るので、スープにもぴったりの食材です。

デミグラス風スープ

きちんと作ると手間がかかるデミグラスソースを、身近な材料で再現してスープストックに。簡単なのに、ちょっと本格的な味わいです。

冷蔵保存	約**5**日間
冷凍保存	約**4**週間 （小さめの保存容器または保存袋で 50mℓずつ小分け冷凍）

Stock g デミグラス風ストック

ソースやケチャップの味の角がとれるまで、加熱するのがポイント。
ベースに牛乳を使うのも、まろやかさの秘訣です。

材料（作りやすい分量・約4食分）

玉ねぎ……1個（200g）

A
- トマトケチャップ……大さじ8
- ウスターソース……大さじ2
- にんにくのすりおろし……小さじ1/2
- バター……10g
- 顆粒コンソメスープの素……大さじ1
- 牛乳……200㎖

作り方

1 玉ねぎはみじん切りにする。

2 鍋に **A**、**1** の玉ねぎを入れてサッと混ぜ、強火にかける。沸騰したら弱火にし、3〜5分ほど混ぜながら煮る。

3 清潔な保存容器に入れ、冷めてから冷蔵室で保存する。

variation 1

g
ストック

そのまま水でのばすだけ！

簡単ビーフシチュー

3分火にかけるだけであとはスープジャーにおまかせ。
コトコト煮たようなおいしいビーフシチューが
簡単に作れちゃいます。

材料（1食分）

牛こま切れ肉……50g
マッシュルーム……3個（30g）

A
- デミグラス風ストック……1/4量
- 水……200㎖

作り方

1 マッシュルームは縦半分に切る。

2 鍋に**A**、牛肉、**1**のマッシュルームを加えてサッと混ぜ、強火にかける。沸騰したら弱火にし、3分ほど煮る。

Stock
g
デミグラス風スープ

variation 2

g + 

ストック　トマト缶

えびとなすのデミスープ

トマト缶をプラスして「トマトハヤシ」風に仕上げます。
厚めに切ったなすはジャーの中でトロトロになって
スープがじゅわっとしみ出します。

材料（1食分）

むきえび……6尾（約40g・冷凍でも可）
なす……1本（100g）
オリーブオイル……小さじ2
A
- デミグラス風ストック……1/4量
- カットトマト缶……1/4缶（100g）
- 水……150㎖

作り方

1 むきえびはきれいに洗って水けをふく。なすは2㎝厚さの輪切りにする。

2 鍋にオリーブオイルを入れて中火で熱し、**1**のえびとなすを入れて1分ほどサッと炒める。

3 **A**を加えて強火にする。沸騰したら弱火にし、1分ほど煮る。

variation 3

g ＋ 

ストック　チーズ

じゃがいもとアスパラのデミチーズスープ

デミスープにはもちろん、チーズがテッパン。
ジャーの中でトロッととろけたチーズ入りデミスープがあれば
ランチタイムがもっと楽しく豊かになります。

材料（1食分）

じゃがいも……1個（100g）
グリーンアスパラ……1本（20g）
細切りチーズ……適量

A
- デミグラス風ストック……1/4量
- 水……200㎖

作り方

1 じゃがいもは3㎝大に切る。グリーンアスパラは根元の皮をむき、4等分の斜め切りにする。

2 鍋に **A**、**1** のじゃがいもを入れて強火にかける。沸騰したら弱火にし、5分ほど煮る。

3 **1** のアスパラを加えて1分ほど煮る。細切りチーズを加える。

Stock
g

デミグラス風スープ

variation 4

g + 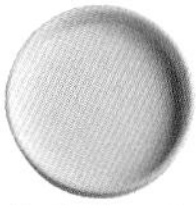

ストック　生クリーム

しめじとミニトマトの デミクリームスープ

生クリームで、こっくりとしたスープにアレンジ。
鶏肉のうまみやミニトマトの甘さも加わって、絶品です。

材料（1食分）

鶏もも肉……1/4枚（75g）
しめじ……1/2袋（50g）
ミニトマト……3個（45g）

A	デミグラス風ストック……1/4量
	生クリーム……50㎖
	水……150㎖

作り方

1 鶏肉はひと口大に切る。しめじは石づきを落としてほぐす。ミニトマトはヘタを取る。

2 鍋に**A**、**1**の鶏肉としめじ、ミニトマト入れて強火にかける。沸騰したら弱火にし、5分ほど煮る。

きのこスープ

数種類かけ合わせると相乗効果で何倍にもおいしくなるきのこ。きのこのうまみをギュッと凝縮したスープストックです。

冷蔵保存	約**1**週間
冷凍保存	約**5**週間 （小さめの保存容器または保存袋で 1/4 量ずつ小分け冷凍）

Stock h きのこスープストック

手に入りやすいものでは、この3種類が絶妙のバランス。
具材としても食べられるので、熱湯を加えるだけでおいしいスープに。

材料（作りやすい分量・約4食分）

しめじ……1袋（100g）
まいたけ……1袋（100g）
しいたけ……1袋（100g）
A 白だし……大さじ5
　 酒……大さじ5

作り方

1 しめじ、しいたけは石づきを落とす。しめじはほぐす。しいたけは薄切りにする。まいたけはほぐす。

2 鍋に **A**、**1** のしめじとしいたけ、まいたけを入れて強火にかける。沸騰したらアルミホイルなどで落としぶたをして、弱火で3分ほど煮る。

3 清潔な保存容器に入れ、冷めてから冷蔵室で保存する。

スープストック活用術
豆腐やハンバーグのあんかけに。麺類に加えても。

variation 1

h
ストック

そのまま水でのばすだけ！

豚しゃぶと長いものきのこスープ

ゴロッと入った長いもがインパクト大。
きのこだしに豚肉のうまみをかけ合わせます。

材料（1食分）

豚しゃぶしゃぶ用肉……50g
長いも……1/6本（100g）
A きのこスープストック……1/4量
　水……250㎖

作り方

1 長いもは1.5㎝厚さの半月切りにする。

2 鍋に**A**、豚肉、**1**の長いもを入れて強火にかける。沸騰したら弱火にし、3分ほど煮る。

MEMO

長いもはすぐ食べるとシャキッと、ジャーの中で数時間おくとホクホク。

variation 2

h ＋ 

ストック　しょうが

塩さばのしょうがきのこスープ

生さばではなく、塩さばを使えば臭みが少なく、
より濃いうまみがスープに溶け出します。
しょうがの効果で青魚のにおいがやわらぎます。

材料（1食分）

塩さば……1/2切れ（50g）
小松菜……1/6束（40g）
しょうが……1/2かけ
A　きのこスープストック……1/4量
　　水……250㎖

作り方

1　塩さばは2～3等分に切る。小松菜は根元を落とし、3㎝長さに切る。しょうがは細切りにする。

2　鍋に**A**、**1**の塩さばと小松菜、しょうがを入れて中火にかける。沸騰したら弱火にし、3分ほど煮る。

MEMO

魚類は強い火にかけると煮くずれしやすくなるので、中火から煮はじめます。

variation 3

h
ストック

+

大根おろし

たらのきのこみぞれ汁

たらと豆腐、さらに大根おろしで鍋もののようなスープ。
みぞれ汁のとろみは食べごたえもバッチリです。
持ち歩ける小鍋ランチ、いかがでしょうか。

材料（1食分）

生たら……1切れ（約70g）
絹ごし豆腐……1/4丁（75g）
大根おろし……大さじ2
A きのこスープストック……1/4量
水……250ml

作り方

1 たらは4等分のそぎ切りにする。豆腐は4等分に切る。

2 鍋に**A**、大根おろし、**1**のたらと豆腐を入れて中火にかける。沸騰したら弱火にし、3分ほど煮る。

variation 4

h
ストック

＋

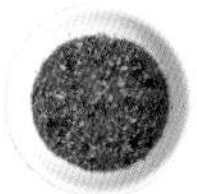
七味唐辛子

きのこ肉吸い

大阪のご当地グルメ「肉吸い」をスープジャーの中で再現。
きのこだしとも相性ぴったりです。
みりんでちょっと甘みを、七味唐辛子で辛味を足すのがポイント。

材料（1食分）

牛こま切れ肉……50g
長ねぎ……1/2本（50g）
卵……1個

A
きのこスープストック……1/4量
七味唐辛子……少々
みりん……大さじ1/2
水……250㎖

作り方

1 長ねぎは3㎝長さの斜め切りにする。

2 鍋に**A**、牛肉、**1**の長ねぎを入れて強火にかける。沸騰したら卵を落とし入れ、弱火にし、3分ほど煮る。

MEMO

写真はスープジャーに入れてすぐの状態。卵は徐々に固まります。半熟で食べたい場合は、温泉卵を保冷して別で持っていき、食べる直前に加えてください。

オイスタースープ

コクとうまみたっぷりのオイスターソース。このストックがあれば、カキの味わいが活きた中華風スープが手軽に楽しめます。

冷蔵保存	約**4**日間
冷凍保存	約**5**週間 （製氷皿または小さめの保存容器で大さじ2杯ずつ小分け冷凍）

Stock *i* オイスタースープストック

オイスターソースがしょうがの風味でさらに味わい深く。
さらに、みりんを加えてスープに合うバランスにしました。

材料（作りやすい分量・約4食分）

オイスターソース……大さじ5
しょうがのみじん切り……1かけ分
酒……大さじ3
みりん……大さじ3
片栗粉……小さじ1

作り方

1. 鍋にすべての材料を入れて混ぜる。
2. 弱火にかけ、混ぜながらとろみがつくまで2分ほど加熱する。
3. 清潔な保存容器に入れ、冷めてから冷蔵室で保存する。

スープストック活用術
中華風の炒めものや、煮こみ料理の味つけに便利です。

variation 1

i
ストック
そのまま水でのばすだけ！

ささみとなすのオイスタースープ

鶏肉もなすも、オイスターソース味とは好相性。
おにぎりはもちろん、
麺類や春雨を加えてもおいしいスープです。

材料（1食分）

鶏ささみ……1本（70g）
なす……1本（100g）
A
オイスタースープストック……大さじ2
水……250㎖

作り方

1 ささみは筋があれば除き、4等分の斜め切りにする。なすは2㎝厚さの輪切りにする。

2 鍋に**A**、**1**のささみとなすを入れて強火にかける。沸騰したら弱火にし、5分ほど煮る。

Stock

i

オイスタースープ

variation 2

i + 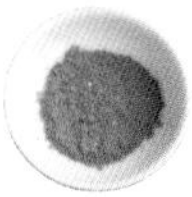

ストック　花山椒

牛肉と厚揚げのホワジャオスープ

四川料理によく使われる花山椒（ホワジャオ）は
ピリリと辛くて、日本の山椒とはまた違ったさわやかな香り。
牛肉やオイスターソースとよく合います。

材料（1食分）

牛こま切れ肉……50g
まいたけ……1/2袋（50g）
厚揚げ……1/2枚（75g）
A　オイスタースープストック……大さじ2
　花山椒（パウダー）……小さじ1/4
　水……250㎖

作り方

1　まいたけはほぐす。厚揚げは2㎝幅の長方形に切る。

2　鍋に**A**、牛肉、**1**のまいたけと厚揚げを加えて強火にかける。沸騰したら弱火にし、3分ほど煮る。花山椒少々（分量外）をふる。

variation 3

i ＋ 

ストック　麺つゆ

中華風シーフードスープ

数種類の魚介のうまみを生かせるシーフードミックスは
スープに絶好の食材。
冷凍なら保存がきき、解凍せずに使えるから便利です。

材料（1食分）

冷凍シーフードミックス……50g
チンゲン菜……1/2株（50g）

A
- オイスタースープストック……大さじ2
- 麺つゆ（2倍濃縮）……大さじ1
- 水……250㎖

作り方

1 チンゲン菜は根元を少し落とし、3㎝長さに切る。

2 鍋に**A**、**1**のチンゲン菜を入れて強火にかける。沸騰したらシーフードミックス（凍ったまま）を加え、中火にして2分ほど煮る。

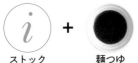

Stock
i
オイスタースープ

variation 4

i ＋ 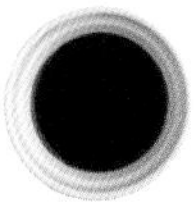

ストック　ウスターソース

ほろほろ手羽元の中華スープ

骨つきの手羽元を使うのが味の決め手です。
鶏のだしでスープのうまみが格段にアップ。
スープジャーの保温機能で、お肉はホロッとやわらかくなりますよ。

材料（1食分）

鶏手羽元……1本（60g）
長ねぎ……1/2本（50g）
ゆで卵……1個

A
オイスタースープストック……大さじ2
ウスターソース……大さじ1
水……220mℓ

作り方

1 長ねぎは3cm長さに切る。

2 鍋に**A**、鶏手羽元、**1**の長ねぎを入れて強火にかける。沸騰したら弱火にし、8分ほど煮る。ゆで卵を加える。

チャウダースープ

ベーコンと野菜の甘み、うまみを生かしたホワイトソース風。ストックがあるからこそ、朝の5分で本格チャウダーが作れます。

冷蔵保存	約**4**日間
冷凍保存	約**4**週間

（1/4量ずつラップで包んで小分け冷凍）

Stock j チャウダースープストック

ミルクスープストックよりも濃厚でクリーミーで、リッチ。
寒い冬においしいチャウダーに仕上げます。

材料（作りやすい分量・約4食分）

玉ねぎ……1個（200g）
にんじん……1本（150g）
ベーコン（スライス）……4枚
バター……40g
小麦粉……大さじ2
牛乳……200㎖
顆粒コンソメスープの素
……大さじ1
こしょう……少々

作り方

1 玉ねぎ、にんじん、ベーコンは粗みじん切りにする。

2 鍋にバター、**1**の玉ねぎとにんじん、ベーコンを入れて中火にかける。野菜がしんなりするまで5分ほど炒める。

3 小麦粉を加えて粉っぽさがなくなるまで炒める。牛乳を少しずつ加え、その都度なめらかになじむまでよく混ぜる。顆粒コンソメスープの素、こしょうを加えてひと混ぜする。

4 清潔な保存容器に入れ、冷めてから冷蔵室で保存する。

variation 1

j

牛乳でのばすだけ！

ストック

ツナかぼちゃスープ

ホクホク甘いかぼちゃに
保存がきいて便利なツナ缶を合わせた
クリーミーなスープです。

材料（1食分）

かぼちゃ……1/8個（100g）
ツナ缶……1缶（70g）
A チャウダースープストック……1/4量
A 牛乳……250㎖

作り方

1 かぼちゃは2㎝大に切る。

2 鍋に**A**を入れてよく混ぜ、ツナ缶、**1**のかぼちゃを加えて中火にかける。沸騰したら弱火にし、5分ほど煮る。

Stock
j

チャウダースープ

variation 2

j ＋ ●
ストック　しょうゆ

和風クラムチャウダー

あさりの濃厚なだしが加わると、
チャウダーがたちまちランクアップ。
コーンの甘みと、隠し味のしょうゆがポイントです。

材料（1食分）

あさり（むき身・加熱済）……15g
グリーンアスパラ……2本（40g）
ホールコーン缶……20g
A チャウダースープストック……1/4量
　しょうゆ……大さじ1/2
　牛乳……250㎖

作り方

1 グリーンアスパラは根元の皮をむき、4等分の斜め切りにする。コーン缶は汁けをきる。

2 鍋に**A**を入れてよく混ぜ、あさり、**1**のアスパラとコーンを加えて強火にかける。沸騰したら弱火にし、1分ほど煮る。

MEMO

あさりは砂抜きの必要がなく、殻が出ないむき身がおすすめ。缶詰でもOK。

variation 3

ストック ＋  カレー粉

ソーセージ入りカレーチャウダー

クリーミーなカレー味は、スパイスの効果もあって
体の内側からポカポカあったまります。
噛みごたえ、食べごたえのある具材で、大満足ランチに。

材料（1食分）

ソーセージ……2本（30g）
ブロッコリー……1/4個（50g）

A
- チャウダースープストック……1/4量
- カレー粉……小さじ1/2
- 牛乳……250㎖

作り方

1 ソーセージは斜めに4本ずつ切りこみを入れる。ブロッコリーは小房に分ける。

2 鍋に**A**を入れてよく混ぜ、**1**のブロッコリーを加えて強火にかける。沸騰したら弱火にし、**1**のソーセージを加えて1分ほど煮る。

Stock
j
チャウダースープ

variation 4

j ＋ 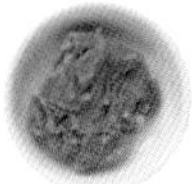

ストック　白みそ

鮭のみそチャウダー

鮭と白菜に、ミルキーなみそ味がぴったり。
甘めの白みそを使うのがおすすめですが、
合わせみそなどでもおいしくいただけます。

材料（1食分）

生鮭……1切れ（約80g）
白菜……小1枚（50g）
白みそ（または好みのみそ）……大さじ1/2
A
チャウダースープストック……1/4量
牛乳……250㎖

作り方

1 鮭は4等分に切る。白菜は3㎝大に切る。

2 鍋に **A** を入れてよく混ぜ、**1** の鮭と白菜を加えて中火にかける。沸騰したら弱火にし、3分ほど煮る。白みそを溶き入れる。

ゆーママ流

作っておけば朝楽ちん♪

スープ玉

10品

「スープ玉」って何??

ここまでスープストック、いわば濃縮スープの素をご紹介してきましたが、朝のスープ作りをさらに時短・簡単にしてくれる作りおきスープの素が「スープ玉」です。

スープ玉は、1食分の具材と調味料をラップで丸く包んだもの。ポンとスープジャーに入れ、お湯を注ぐだけでスープができちゃうんです。具材を切ったり調味料をいくつも出して加える手間がないだけで、スープ作りがグッと楽ちん。生の肉や魚を使わず加工品や市販品を活用し、野菜もすべて塩もみしておくことで冷蔵でも4〜5日保存できます。冷凍もOK。スープジャー弁当の新しいアイデアをぜひ試してみてください。

スープ玉の作り方

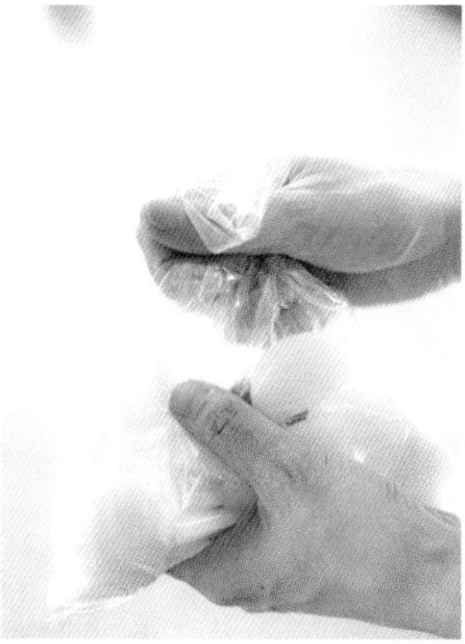

作り方

1 材料表に★印がついている野菜は、ビニール袋に入れる。塩少々を加えてもみ、数分おく。しんなりしたらしっかりと水けを絞る。

2 ラップを広げて、中央に肉類など大きめの固形食材、調味料、**1** の塩もみ野菜の順に重ね、ぴったりと包む。

3 冷蔵室で保存する。そのまま冷凍も可。

※冷蔵保存期間は各レシピを参照のこと。冷凍保存期間は約 2 週間（共通）です。
※ラップで包むときは材料表の上から順に重ねてください。

Point

くるくるねじって
テープで留めれば OK

1 分で完成！

スープ玉で作るスピードスープ

1 スープ玉は、電子レンジで 40 ～ 50 秒（冷凍の場合は 50 ～ 60 秒）様子を見ながら加熱して温める。予熱したスープジャーに入れる。

2 材料表に●印がついている液体（主に熱湯。そのほかの場合は鍋に入れてひと煮立ちさせる）を **1** に注ぎ入れて混ぜる。

冷蔵保存

5日間

塩もみでシャキシャキ感をキープ

ザーサイと豆苗の中華スープ

材料（1食分）

ザーサイ（粗みじん切り）……25g
顆粒鶏ガラスープの素……小さじ1
ラー油……適量
★豆苗（根元を落とし、4㎝長さ）
……1/4袋（50g）
★もやし……1/4袋（50g）
●熱湯……200㎖

冷蔵保存

4日間

保存しやすい厚揚げを使って

厚揚げのキムチチゲ

材料（1食分）

厚揚げ（1.5㎝厚さ・2×3㎝の長方形）
……2切れ
キムチ……50g
顆粒和風だしの素……小さじ1/2
★長ねぎ（3㎝長さの斜め切り）
……1/2本（50g）
●熱湯……200㎖

冷蔵保存

5日間

フレーク状の鮭でみそバター味に

鮭のちゃんちゃんスープ

材料（1食分）

鮭フレーク……大さじ1
みそ……大さじ1
バター……5g
顆粒和風だしの素……小さじ1/4
★にんじん（4㎝長さの短冊切り）……20g
★キャベツ（ひと口大）……50g
●熱湯……200㎖

冷蔵保存

5日間

チーズのコクがスープに溶け出る

ソーセージとズッキーニのチーズスープ

材料（1食分）

ソーセージ（4本ずつ切り込みを入れる）
……2本
細切りチーズ……15g
にんにくのすりおろし……小さじ1/4
顆粒コンソメスープの素……小さじ1
★ズッキーニ（8㎜厚さの輪切り）……1/4本（35g）
★パプリカ（2～3㎝角）……1/4個（35g）
●熱湯……200㎖

冷蔵保存

5日間

ちょっぴり酸味をきかせた

サラダチキンのコンソメマスタードスープ

材料（1食分）

サラダチキンの薄切り……2切れ
粒マスタード……小さじ1
顆粒コンソメスープの素……小さじ1
★きゅうり（輪切り）……1/4本（30g）
★大根（薄い半月切り）……50g
●熱湯……200㎖

冷蔵保存

5日間

きのこや葉野菜も塩もみすればスープ玉になる！

カルボナーラ風スープ

材料（1食分）

スライスベーコン（2㎝幅）……2枚
粉チーズ……小さじ1
顆粒コンソメスープの素……小さじ1
粗びき黒こしょう……適量
★マッシュルーム（半分に切る）……2個（20g）
★ほうれん草（3㎝長さ）……1/4束（50g）
●牛乳……200㎖

冷蔵保存

5日間

クリーミーなバター風味

たらこクリームスープ

材料（1食分）

たらこ（薄皮を除く）……1/2腹（約大さじ1）
バター……5g
★玉ねぎ（ひと口大）……1/4個（50g）
★小松菜（3㎝長さ）……1/6束（40g）
●牛乳……150㎖
●生クリーム……50㎖

冷蔵保存

4日間

豆乳と鶏だしで手軽に再現できる

ちゃんぽん風スープ

材料（1食分）

かまぼこ（薄切り）……3枚
しょうがのすりおろし……小さじ1/2
顆粒鶏ガラスープの素……小さじ1
こしょう……少々
★白菜（4㎝角）……50g
★しいたけ（薄切り）……2個（30g）
●豆乳……100㎖
●熱湯……100㎖

冷蔵保存

5日間

ピリ辛中華スープが簡単！

焼豚と小松菜のごまラー油スープ

材料（1食分）

焼豚の薄切り（市販・半分に切る）……2枚分
白いりごま……小さじ1
顆粒鶏ガラスープの素……小さじ1
ラー油……適量
★小松菜（3cm長さ）……1/6束（40g）
●熱湯……200mℓ

冷蔵保存

5日間

ゴロゴロ具材で食べごたえ抜群

ベーコンとなすのカレースープ

材料（1食分）

厚切りベーコン（2cm角）……40g
にんにくのすりおろし……小さじ1/2
カレー粉……小さじ1
顆粒コンソメスープの素……小さじ1
オリーブオイル……小さじ1
★なす（1cm幅の半月切り）……1/2本（50g）
★玉ねぎ（ひと口大）……1/4個（50g）
●熱湯……200mℓ

アイデア満載！

困ったを解決！スープレスキューQ&A

スープジャーのお弁当作りで「どうしたらいいの!?」と思うときがきっとあるはず。そんな疑問に答えます。

Q1

スープストックの冷凍保存のコツは？

A

作りやすい最少の分量をご紹介していますが、一度に2倍量作って、半分ずつ冷蔵・冷凍しておくのもおすすめ。冷凍なら保存袋に入れて空気を抜き、平たくして金属製のバットにのせ、冷凍室へ。ある程度固まったら縦に収納できます。

Q2

朝の調理時間をもっと短縮するには？

A

食材の選び方と切り方がポイント。ひき肉や、豚肉や牛肉ならこま切れ、鶏肉はから揚げ用。切らなくていい肉類を選べば、道具も汚れません。また、野菜は大きめに切っても、ジャーの保温機能で火が通るので加熱時間は短めでOK。

Q3 余った食材をかしこくムダなく使うテクニックは？

A 余った野菜は塩もみして、肉や魚の加工品と一緒にスープ玉（P116〜）にすると、とっても便利。冷蔵・冷凍保存できます。

Q4 常備しておくといい調味料は？

A 基本的な調味料がすでにそろっているとしたら、次は顆粒だし。1食分のスープには、固形ではなく顆粒タイプが断然便利です。チューブのにんにくやしょうがも、すりおろす手間がなくて助かりますよ。

Q5 スープストックが中途半端に余ったら？

A ふだんの料理に、ぜひ使ってみてください。そのまま使える活用例はストックのページを参照のこと。和風・洋風の煮こみ料理、炒めものの味つけやつけだれ、かけだれとしても使える万能調味料です。

Q6 スープストックの保存容器の選び方は？

A 電子レンジや火にかけることはないので、密閉できる容器ならプラスチック、ガラス、ホーローなどなんでもOK。ただし、色やにおい移りが気になる方は、プラスチック製を避けましょう。

Q7 スープ1品で満足感を得るにはどうすれば？

A 麺類や穀類をほんの少し足すだけでグッと満足感アップ。洋風ならショートパスタ、和風なら麦や米、雑穀など、中華・韓国風なら春雨やトッポギ。保温調理できるから、食べるころにはちょうどいい固さになります。

食材別インデックス

肉類・肉加工品

鶏ささみ……22・60・98

鶏もも肉……30・42・52・84

鶏手羽元……104

鶏ひき肉……28

豚しゃぶしゃぶ用肉……20・88

豚バラ薄切り肉……32・40・48

豚ひき肉……34

豚こま切れ肉……50

牛こま切れ肉……58・78・94・100

ソーセージ……64・112・120

ハム……62

ベーコン……68・121・123

サラダチキン……120

焼豚（市販）……44・123

鶏だんご（市販）……24

ワンタン（市販）……54

魚介類・魚介加工品

鮭……70・114

塩さば……90

たら……92

えび……38・80

あさり……110

さば缶……18

ツナ缶……108

たらこ……72・122

魚肉ソーセージ……74

冷凍シーフードミックス……102

鮭フレーク……119

かまぼこ……122

※スープストックに使用する材料は
含まれていません。

※調味料類は含まれていません。
にんにくのすりおろし、しょうがの
すりおろしは調味料扱いとします。

※野菜・きのこ類のみ五十音順

ブロッコリー……74・112
ほうれん草……121
まいたけ……22・100
マッシュルーム……78・121
水菜……24
みつば……22
ミニトマト……64・84
もやし・豆もやし……34・40・118

飲料・液体

牛乳……40・108・110・112・114・121・122
豆乳……54・122
トマトピューレ……70
生クリーム……70・84・122

その他

コーンクリーム缶……74
米……62
カットトマト缶……80
ホールコーン缶……110
絹ごし豆腐……92
木綿豆腐……32
厚揚げ……100・118
キムチ……32・118
ザーサイ……118
卵……50・94・104
マカロニ……72
春雨……38
押し麦……42
トッポギ……52
細切りチーズ……82・120

野菜・きのこ類

青じそ……24
アボカド……72
いんげん……60
オクラ……20
かぼちゃ……108
キャベツ……32・60・119
きゅうり……120
グリーンアスパラ……42・82・110
小松菜……90・122・123
さつまいも……30
しいたけ……122
ししとう……48
しめじ……50・84
じゃがいも……64・68・82
しょうが……20・90
ズッキーニ……62・120
セロリ……58
大根……28・58・92・120
玉ねぎ……122・123
チンゲン菜……38・54・102
豆苗……18・118
長いも……88
長ねぎ……44・94・104・118
なす……80・98・123
ニラ……34・50
にんじん……119
にんにく……42
にんにくの芽……44
白菜……52・114・122
パプリカ……70・120
万能ねぎ……28・40

松本有美（まつもとゆうみ）

料理研究家・カフェ＆キッチンスタジオオーナー。「ゆーママ」の愛称で作りおきやお菓子、パンのレシピを掲載したブログやInstagramが人気を集める。TVや雑誌、企業のレシピ開発、広告などで活躍。『きょうの料理』（Eテレ）の講師としても好評を博している。2016年「レシピブログアワード ママの料理部門 グランプリ」、17年「LINEブログ オブ ザ イヤー クリエイティブ賞」、19年「フーディストアワード トレンド部門グランプリ」を受賞。『ゆーママの簡単！冷凍作りおき』『小分け冷凍おかずを詰めるだけ！ゆーママの毎朝ラクする冷凍作りおきのお弁当』（ともに扶桑社）など著書多数。著者累計は55万部を突破。

● **Cafe Sweets**　cafe sweets Muku
兵庫県神崎郡福崎町南田原2232-1
電話0790-33-9778　＊ご予約専用

● **公式blog**　ゆーママ（松本有美）アメーバオフィシャルブログ
https://ameblo.jp/kys-ttt
松本有美（ゆーママ）LINE公式ブログ
https://lineblog.me/yuumama/

● **Instagram**　@yu_mama_cafe/

スープストックで朝楽ちん♪
ゆーママのスープのお弁当

2020年11月 6 日　第1刷発行
2020年11月22日　第3刷発行

著者　松本有美

発行者　大山邦興

発行所　株式会社 飛鳥新社
〒101-0003
東京都千代田区一ツ橋2-4-3　光文恒産ビル
電話 03-3263-7770（営業）／03-3263-7773（編集）
http://www.asukashinsha.co.jp

撮影　塩崎聰
取材・文　加藤洋子
デザイン　フレーズ
撮影協力　サーモス株式会社　☎0570-066966

印刷・製本　中央精版印刷株式会社

ISBN 978-4-86410-781-5

編集担当　内田威